AF336539

LUXATION

DU

FÉMUR DROIT SUR LE PUBIS.

OBSERVATION. — RÉFLEXIONS,

PAR

M. BUEZ,

INTERNE DES HOPITAUX.

STRASBOURG,

IMPRIMERIE DE G. SILBERMANN, PLACE SAINT-THOMAS, 3.

1859.

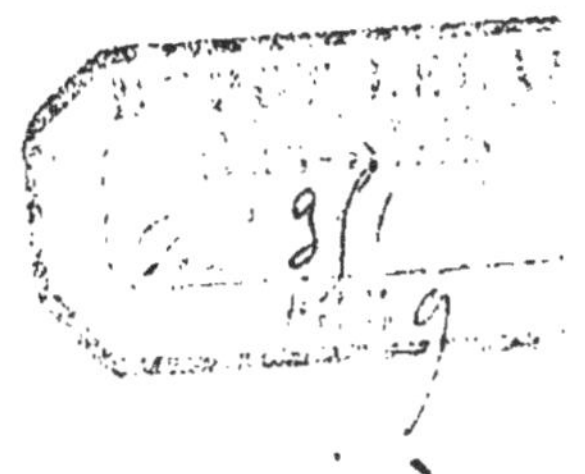

LUXATION

DU

FÉMUR DROIT SUR LE PUBIS.

Les observations ayant trait aux luxations du fémur offrent un grand intérêt, en raison de leur rareté et de la difficulté que présente souvent la réduction; aussi ont-elles toujours fortement fixé l'attention des chirurgiens, et donné lieu à des discussions dont le caractère le plus remarquable a été, dans ces derniers temps, de produire des doctrines nouvelles, et de remettre en litige la grande question *des classifications*.

Entre toutes, la luxation en haut et en dedans (J. L. PETIT, BOYER); sur le pubis (A. COOPER); sus-pubienne (GERDY); ilio-pubienne (MALGAIGNE) a été l'objet de travaux remarquables et de communications intéressantes aux sociétés savantes.

C'est surtout depuis la publication des deux mémoires de M. MALGAIGNE[1], pour lesquels il a réuni vingt-neuf observations, que l'histoire de ces luxations a été étudiée plus particulièrement, au point de vue de l'anatomie pathologique et du traitement.

Nous avons pu nous-même recueillir une observation de ce genre à la clinique chirurgicale de M. le professeur

---

[1] *Mémoire sur les luxations coxo-fémorales en haut et en avant (Revue méd. chirurg.*, 1847-1850).

1.

Sédillot : nous n'avons pas pour but, en la livrant à la publicité, de relater un cas rare, exceptionnel et ne devant offrir de l'intérêt qu'en vertu d'un caractère anormal ; nous pensons, au contraire, qu'il est la représentation des faits ordinaires, tout en devant une importance spéciale, soit à la vérification du diagnostic, soit à l'observation de symptômes qu'on n'avait pas notés jusqu'alors, soit surtout à quelques particularités, ou mieux à quelques idées neuves, inhérentes au mode de traitement.

Le nommé Josephe Kappler, âgé de vingt-sept ans, est apporté à l'hôpital civil, le 21 mai, à quatre heures du soir ; il est couché au lit n° 18 de la salle 105.

Ce malade raconte que, conduisant une voiture pesamment chargée, il fit une chute de cheval, et qu'une des roues de la voiture lui passa sur la partie supérieure de la cuisse droite et sur le bassin. Il fut dans l'impossibilité de se relever, et on fut obligé de l'apporter à l'hôpital sur un brancard.

L'interne de garde constata une tuméfaction assez considérable de toute la cuisse, avec abduction du membre, rotation extrêmement prononcée du pied en dehors et difficulté considérable de le redresser même légèrement.

Il y avait, en outre, une tumeur assez volumineuse, et très-douloureuse à la pression, dans l'aine droite, au-dessus du pubis.

Le bras du même côté était fortement contusionné, mais sans lésions des parties profondes.

Une fracture de côtes, aussi du côté droit, ne fut reconnue que plus tard [1].

---

[1] On ne put constater de crépitation : mais M. Sédillot attira plus d'une fois notre attention sur l'absence de ce symptôme important dans cette lésion ; il eut même l'occasion de montrer aux nombreux élèves de la clinique une pièce d'anatomie pathologique provenant d'un malade qui était venu mourir à l'hôpital. C'était un terrassier qui, pris sous un éboulement de terre, offrait plusieurs lésions graves, entre autres des fractures *multiples* de côtes : aucune crépitation n'avait cependant été perçue dans cette région pendant les derniers instants du malade.

Il y avait une déchirure linéaire des téguments de la région du menton du côté gauche.

On nota comme dernier symptôme une rétention d'urine (elle dura dix-huit heures).

On crut à une fracture de cuisse :

La prostration était très-grande, et l'on pouvait craindre un moment pour le sort du malade.

On fit une saignée générale, on réunit la plaie du menton, et l'on prescrivit des fomentations fraîches sur les parties contuses.

Le lendemain matin on aperçut une goutte de sang au méat urinaire (le malade avait eu une petite hématurie quelque temps après l'accident); on le sonda et on crut sentir la saillie d'un fragment dans l'urètre.

Un nouveau diagnostic fut porté, et la fracture *de cuisse* devint une fracture *du bassin.*

Comme le malade était très-affaissé, M. le professeur Sédillot, se confiant, du reste, dans le résultat des explorations qui avaient été faites, voulut attendre que la prostration fut moins grande, pour examiner lui-même de plus près les lésions.

Cet examen eut lieu le 4 juin au matin, en présence de MM. les agrégés Boeckel, Herrgott; MM. les docteurs Spielmann, Levié, etc., et des élèves de la clinique.

Le malade chloroformé, M. Sédillot constata les signes suivants :

1º Raccourcissement de la cuisse droite de deux travers de doigt.

2º Extension de la cuisse sur le bassin.

3º Flexion possible de la cuisse jusqu'à angle droit, mais pas au delà, ce qui contraste avec la flexion facile à angle aigu de la cuisse opposée.

4º Rotation de la pointe du pied en dehors. On ramène le pied à une direction droite, mais il est impossible de le porter en dedans. Les mouvements sont assez libres en dedans et en dehors.

5º Tumeur dans l'aine droite, au-dessus du pubis. Épanchement de sang qui soulève la peau dans la moitié interne du pli inguinal.

6º Mobilité latérale de la tumeur sus-inguinale et intra-abdominale, assez difficile à constater sous les doigts, quoique possible.

7º Plan de la cuisse antérieur à l'autre, comme si le fémur avait été porté en avant. Ce symptôme est très-apparent, quand on regarde le malade du côté droit ; la fesse est comme laissée en arrière par le fémur porté en haut et en avant.

8° Disparition du grand trochanter qui est porté en dedans et en haut, et ne fait plus la saillie ordinaire au-dessous du bassin (ligne latérale externe).

9° Douleurs vives au contact, à la pression et pendant les mouvements (avant l'anesthésie).

10° Gonflement très-marqué de l'origine de la cuisse, qui l'emporte en circonférence sur l'autre de quatre travers de doigt. Rétention d'urine. (NB. La sonde avait pénétré librement dans l'urètre, et n'y avait rencontré aucune saillie osseuse.)

En présence de ces signes, M. le professeur Sédillot reconnaît une luxation du fémur droit sur le pubis.

On procéda immédiatement à la réduction : Le malade, toujours sous l'influence du chloroforme, est couché sur un plan horizontal (table basse et solide garnie de matelas).

On se sert, pour pratiquer la contre-extension, d'un drap plié suivant sa largeur, dont le plein est appliqué au côté interne et supérieur de la cuisse luxée, et dont les extrémités vont se croiser au-dessus de l'épaule du côté opposé, pour s'engager ensuite dans une corde à plusieurs nœuds fixée à un anneau implanté dans la muraille.

L'extension se fait *au genou* au moyen du bracelet constricteur de M. Sédillot. Les liens passés dans les anneaux du bracelet soutenaient le dynamomètre attaché aux poulies qui, elles-mêmes prenaient leur point d'attache au moyen d'un dernier anneau à la muraille opposée.

Dans les premiers efforts de réduction qui furent portés à 160 kil., la tête du fémur se détacha du pubis avec un craquement, et la peau de l'aine se tendit et s'affaissa, pour ainsi dire, au tiers interne et supérieur de la face antérieure de la cuisse.

La coaptation essayée par M. Sédillot, en élevant le genou, et en imprimant un mouvement de rotation en dedans de la jambe, échoue.

On fait une seconde tentative de réduction : après une traction de même force soutenue pendant quatre ou cinq minutes, M. Sédillot exerce un fort mouvement de rotation du fémur en dedans, et sent sur le champ, ainsi que les assistants, la tête fémorale rentrer dans sa cavité avec un certain bruit, non de choc, mais de glissement.

L'appareil enlevé immédiatement au moyen de *la pièce à échappement* de M. Sédillot, on reconnaît la réduction de la luxation aux signes suivants :

1° Disparition de la tumeur inguinale ;

2° Allongement normal de la cuisse ;

3° Possibilité des mouvements de flexion à angle aigu sur le bassin ;

4° Possibilité de la rotation du pied en dedans ;

5° Retour de la saillie du grand trochanter à sa position naturelle.

Maintien de la réduction : La cuisse est légèrement fléchie sur le bassin : Les deux membres sont rapprochés et attachés ensemble, après qu'on a placé un traversin sous les jarrets.

Réflexions. — Cette observation est intéressante sous plusieurs rapports ; d'abord, comme nous le disions plus haut, en vertu de la rareté des affections traumatiques de ce genre, puis relativement au concours de causes qui ont pu produire la luxation, aux symptômes observés, aux manœuvres qui ont amené facilement la réduction, et enfin au laps de temps qui s'est écoulé entre la production de l'accident et la réduction.

Il est impossible d'aborder une analyse rationnelle de tous ces faits, sans entrer au cœur même de la question des luxations sus-pubiennes.

Suivant Petit [1] : « De toutes les jonctions par genou, celle de la cuisse se luxe le plus difficilement. » Pour ce même auteur, les luxations en haut et en devant sont les secondes dans l'ordre de fréquence.

Pour Boyer, au contraire, qui en avait observé trois, elles ne viennent qu'en troisième lieu [2]. A. Cooper n'a pu réunir que cinq cas, y compris ceux qu'on lui a communiqués : il estime que sur vingt cas de luxations coxo-

---

[1] *Traité des maladies des os*, t. I. Paris 1758.
[2] *Traité des maladies chirurgicales*, t. IV, 3e édit. Paris 1822.

[Cachet de bibliothèque]

fémorales on n'en trouvera qu'une sur le pubis. Sur onze cas observés par M. SYME à l'infirmerie royale d'Edimbourg[1], la proportion est la même. DESAULT n'en avait rencontré que trois exemples. Enfin, M. MALGAIGNE[2], qui en a vu quatre cas, les place dans le même rang que BOYER, et incline fortement à les mettre, pour la fréquence (comme luxations en avant), avant la luxation ischio-pubienne.

Aussi la symptomatologie et le mécanisme étiologique de cette lésion ont-ils, de tout temps, préoccupé vivement les chirurgiens. De toutes les discussions qui ont eu lieu à cet égard, une des plus remarquables est celle de la Société de chirurgie, relativement à plusieurs communications de *luxations coxo-fémorales en haut et en avant* adressées par M. le docteur AUBRY, de Rennes[3]. Le rapporteur, M. MAISSONNEUVE, s'étaye de ces observations très-concluantes, pour combattre les idées de M. MALGAIGNE à ce sujet. En effet, celui-ci avait remis en question toute l'histoire des luxations de la cuisse, et il écrivait, en 1856, à l'Académie de médecine : « Dans l'état actuel de la science, on n'admet que des luxations complètes du fémur sur l'os iliaque. BOYER regarde les luxations incomplètes comme à peu près impossibles. Sir A. COOPER n'en dit pas un seul mot, et les deux ou trois observations qu'on en possède passent pour des exceptions dont la rareté même atteste la difficulté.....

« Je suis aujourd'hui fermement convaincu que toutes les luxations primitives du fémur, produites par une violence extérieure, sont incomplètes[4]. »

---

[1] *Monthly Journal*, april 1845.
[2] *Traité des fractures et luxations*. Paris 1855.
[3] *Bull. de la Société de chirurgie de Paris*, t. III, 1852-1853.
[4] *Gaz. méd. de Paris*, 1836.

Dans la même lettre, on lit un peu plus loin : « Je ne nie pas la possibilité des luxations accidentelles et primitives complètes, mais je nie qu'il en existe un seul cas démontré par l'autopsie. »

Dans son *Traité d'anatomie chirurgicale* (1re édition), le même auteur nie l'existence des luxations complètes primitives. Cependant il ajoute : « Si la luxation ilio-pubienne (en avant et en haut) était complète, et celle-ci peut l'être SANS RUPTURE COMPLÈTE DE LA CAPSULE......

« 1° Les symptômes seraient tout autres que dans la luxation classique.

« A. La rotation en dehors n'existe plus ; le membre est porté dans l'adduction.

« B. La tête n'est plus au pli de l'aine.

« C.. Le raccourcissement est énorme.

« 2° La tête serait au-dessus du rebord du bassin, au devant de l'ilium et non sur le pubis.

« 5° Ce bord s'engagerait dans l'échancrure postérieure du col du fémur, comme dans une mortaise.

« 4° Le procédé de flexion serait de tous le plus dangereux et le moins susceptible de réussir. »

Dans toutes les observations que nous avons lues, comme dans celle qui nous est propre, nous n'avons pu constater les symptômes indiqués par le professeur de Paris, et cependant toutes ces observations ont trait à des luxations complètes.

Il peut donc être utile de rapprocher ces faits, et de rechercher dans cette coordination si les luxations coxo-fémorales *complètes* en haut et en avant s'accompagnent bien réellement des symptômes indiqués par les auteurs classiques. Nous les examinerons dans l'ordre où nous les avons groupés pour notre cas.

*

a. Variations de longueur. — « Dans les luxations complètes du fémur, comme dans celles du bras, du cubitus et du radius en arrière, les os se sont déplacés en glissant l'un sur l'autre, et le membre est nécessairement plus court si on le mesure dans la position que lui a donnée la luxation. Mais si on le considère dans la situation opposée, on le trouvera toujours plus long[1]. »

La luxation sus-pubienne (en avant et en haut) s'opère, en général, dans l'abduction du fémur et la rotation en dehors. Si, dans cette situation, on mesure comparativement les deux membres, celui du côté sain étant porté dans une position pareille à celui du côté luxé, on trouvera ce dernier raccourci d'une longueur égale à celle de la portion du fémur qui dépasse en haut l'axe de la cavité cotyloïde. Si, au contraire, supposant la possibilité de mettre ce même fémur dans une position toute opposée, c'est-à-dire dans l'adduction exagérée, on le porte dans cette situation, et si on renouvelle la mensuration, on trouvera un allongement proportionnel encore à l'étendue du déplacement, en prenant toujours le membre sain pour terme de comparaison.

Nous venons de supposer une opération mentale (une section, par exemple, de tous les muscles qui s'opposeraient à l'adduction exagérée); car, dans notre cas, cette dernière épreuve doit être ordinairement impossible. Il suffira, en général, pour constater le déplacement, de mettre les deux cuisses dans l'extension et dans une direction *identique par rapport au bassin*, et de mesurer les deux membres, en prenant pour point de repère l'épine

---

[1] SÉDILLOT, *Traité de médecine opératoire, bandages et appareils*, 2e édit. Paris 1853.

iliaque supérieure et antérieure d'une part, et l'une des deux malléoles ou la base de la rotule de l'autre.

De cette manière on trouve un raccourcissement qui varie entre 1 et 5 centimètres.

Dans les observations de M. AUBRY [1], le raccourcissement était bien évident, surtout dans un cas (5 centimètres). Il l'était moins dans le deuxième, et il y avait même un *allongement apparent*; parce que le BASSIN était légèrement INCLINÉ du côté luxé.

Dans notre observation, nous avons également un raccourcissement de la cuisse de *deux travers de doigt*.

Dans le cas de M. GOYRAND [2], l'allongement allait à près d'un pouce; mais lorsqu'on voulut s'assurer, par la mensuration, de la vraie longueur du membre, on trouva, au lieu de cet allongement, un raccourcissement de 6 à 7 lignes (ici le bassin présentait une inclinaison opiniâtre du côté luxé).

De ses expériences sur le cadavre, M. MALGAIGNE conclut que, le plus souvent, la luxation ne changeait rien à la longueur du membre; aussi, tandis que tous les auteurs notent le *raccourcissement* comme un des premiers symptômes, le professeur de Paris s'exprime-t-il de cette façon [3] : « Quelquefois un allongement ou un raccourcissement apparent..... »

Les auteurs anciens sont bien plus explicites à cet égard : « La cuisse est plus courte, parce que la tête du fémur est montée au-dessus de la cavité de l'ischion (J. L. PETIT) [4]. » — « La cuisse est plus courte, parce que la tête du fémur

---

[1] *Arch. de médecine*, 1847.
[2] *Gaz. méd. de Paris*, 1836.
[3] *Traité des fract. et luxat.*
[4] *Op. cit.*

est montée au-dessus de la cavité cotyloïde (BOYER)[1]. »

b. *Extension de la cuisse sur le bassin.* — Ce signe, suivant M. MALGAIGNE lui-même, manque très-rarement. « Quelquefois même l'extension est forcée au point d'être douloureuse, et non-seulement alors la flexion de la cuisse est impossible, mais le genou même ne peut être plié sans douleur. »

Dans le cas de M. GOYRAND, l'extension était très-prononcée; mais dans une des observations de M. AUBRY (obs. II), la cuisse était dans une position moyenne entre la flexion et l'extension.

Nous avons vu que, pour la nôtre, l'extension était très-accusée.

c. *Flexion possible de la cuisse jusqu'à angle droit, mais pas au delà.* — Ce mouvement est, en général, très-difficile et très-douloureux; dans les efforts tentés par M. AUBRY, pour réduire sa deuxième luxation, il ne put fléchir la cuisse jusqu'à angle droit sur le tronc sans un effort considérable. « C'est le résultat naturel de la tension extrême, dans certains cas, des muscles fessiers, et aussi de la compression que souffrent les parties sur lesquelles appuie la tête du fémur (J. L. PETIT). »

Peut-être les auteurs modernes ne se sont-ils pas assez arrêtés à ce symptôme, qui est cependant d'une grande importance dans le diagnostic différentiel de la lésion ?

Dans l'observation de notre blessé, ce mouvement n'était pas très-difficile, mais il offrait un contraste frappant avec la flexion facile de la cuisse opposée à angle aigu.

d. *Rotation de la pointe du pied en dehors, impossibilité de le porter en dedans.* — Ce caractère est des plus frappants; on ne l'a jamais vu manquer.

---

[1] *Op. cit.*

La face antérieure du fémur est devenue externe et a entraîné le reste du membre qui repose, par toute l'étendue de son côté externe, sur le plan horizontal du lit. La cuisse est dans l'extension ou dans une légère flexion sur le bassin et portée dans l'abduction. La jambe se trouve ordinairement dans une position moyenne entre la flexion et l'extension, et repose sur sa face externe, ainsi que le pied. — MORGAN[1] a vu un cas où la rotation était excessive, les orteils regardant en arrière, *et le talon reposant sur le coude-pied du côté sain*[2].

Suivant M. MALGAIGNE, lorsque le déplacement acquiert plus d'étendue par suite de la pression exercée par le poids du corps sur les membres abdominaux, la tête du fémur se porte graduellement en arrière, en contournant l'échancrure ilio-pubienne, et le membre revient dans la rotation *en dedans*. C'est dans ce cas seulement qu'il regarde la luxation comme *complète*. Le même auteur rejette, comme laissant fort à désirer, les trois seules autopsies connues dans la science, et ayant trait à des luxations complètes (en avant et en haut) encore récentes[3].

Elles ne concordaient point évidemment avec la nouvelle théorie du professeur de Paris.

Nous ajouterons à ces trois observations celle de M. AUBRY (de Rennes) : elle est relative à un sujet atteint également de luxation *complète*, *primitive* (sus-pu-

---

[1] GUY's *Hospital reports*, janvier 1836.

[2] On possède aussi quelques observations où ce symptôme, quoique constant, est loin d'être accusé à ce point ; c'est ce qui explique la relation qu'en ont faite presque tous les auteurs anciens : « Le genou et le pied sont *un peu* tournés en dehors, parce que les obturateurs sont tendus (J. L. PETIT), etc. »

[3] *Observations* de B. COOPER, M. ROSER, M. GÉLY.

bienne). L'autopsie fut faite huit jours après l'accident[1].
Elle est très-probante et atteste d'une façon irréfragable
l'importance et l'exactitude des symptômes classiques, et,
en particulier, de celui que nous venons de signaler, à
savoir : la *rotation du pied en dehors*.

En effet, on trouve à l'examen cadavérique la tête du fémur appuyée sur la partie antérieure de la portion du pubis qui constitue la limite postérieure de l'anneau crural.

Aucun point de la surface diarthrodiale ne touche le
rebord cotyloïdien ; une distance de 15 millimètres sépare
ce rebord de la ligne où commence le cartilage, et c'est
le col du fémur qui repose sur la partie supérieure et antérieure du bourrelet fibro-cartilagineux, de telle sorte
que la tête se trouve, de l'autre côté du rebord du cotyle,
appuyée sur la partie interne et antérieure de l'éminence
ilio-pectinée.

Or, cette luxation était caractérisée par les symptômes
ordinaires : abduction, rotation *en dehors*, etc.

On se borne généralement, dans la plupart des traités
spéciaux, à signaler la rotation en dehors, et on ne mentionne point un caractère propre à ce symptôme : l'impossibilité de ramener le pied en dedans ; ou, du moins, on
le rapporte simplement à l'élément douleur : « Quand on
chercha à imprimer au membre des mouvements d'adduction et de rotation en dedans, le malade accusa les douleurs les plus vives » (obs. de M. GOYRAND). C'est une
lacune importante ; car, cette situation du pied *rotation en
dehors*, n'implique point fatalement, dans l'esprit, la difficulté qu'on rencontrera, lorsqu'on voudra le porter
dans un sens opposé : ne cherche-t-on point, le plus

---

[1] *Observation III (loc cit.).*

souvent, à démontrer dans les sciences exactes, telles que la géométrie, par exemple, qu'une ligne, qu'un angle sont dans une situation *déterminée* à l'égard d'une autre ligne, d'un autre angle, parce qu'ils ne peuvent point se trouver placés dans une situation *contraire*.

Ces règles sont applicables, dans toute leur rigueur, à la clinique *chirurgicale;* nous avons, dans ce moment, l'occasion d'observer dans nos salles un cas de luxation *sous-pubienne* (dans le trou ovale de la plupart des modernes) où le pied, au lieu d'être tourné en dehors, comme cela a généralement lieu pour cette lésion, conserve sa situation normale. M. le professeur SÉDILLOT ne s'est point borné à nous signaler ce fait : il nous a aussi montré l'impossibilité de porter le pied en dedans complétement.

e. Tumeur dans l'aine, au-dessus du pubis. — « Toute articulation luxée, dit M. SÉDILLOT, présente un changement de forme, dépendant du déplacement des os : vide ou dépression dans le point abandonné par l'os luxé, saillie et tumeur du côté où il s'est porté[1]. »

Ce caractère est aussi un des plus importants : la tête fémorale s'étant portée sur le pubis, et reposant contre l'éminence ilio-pectinée, on sent dans le pli de l'aine, immédiatement au-dessus du ligament de FALLOPE, une tumeur de forme arrondie, dure au toucher et souvent même appréciable à la vue.

f. Mobilité latérale de la tumeur. — Ce qui fait voir clairement qu'elle est constituée par la tête du fémur. Dans notre cas c'était assez difficile à constater, en raison du gonflement des parties molles et de l'état d'embonpoint du sujet.

---

[1] *Op. cit.*

g. Plan de la cuisse antérieur à l'autre. — Nous ne trouvons mentionné nulle part dans les auteurs ce symptôme si frappant ; on lirait, en vain, les observations de luxation coxo-fémorale (sus-pubienne) enregistrées dans divers recueils scientifiques, et on ne le rencontrerait même pas dans les cas où de grands déplacements se sont produits. N'est-il pas étonnant qu'on n'ait point songé à noter un signe d'une si grande valeur et qui peut être d'une très-grande ressource dans le diagnostic différentiel ? Il était très-apparent, dans l'observation qui nous est propre, surtout quand on regardait le malade du côté droit, et ce fut, en premier lieu, cette grande différence des deux plans de la cuisse qui fixa l'attention de M. Sé-DILLOT.

Si l'on n'a pas été frappé de ce fait important, on en a, toutefois, généralement relaté un de ses premiers effets : l'aplatissement de la fesse.

« La ligne courbe qui la sépare de la partie postérieure de la cuisse est située plus haut que dans l'état naturel » (Boyer).

« La fesse est aplatie, parce que l'os de la cuisse, *porté en devant*, en soutient moins la rondeur, et que les muscles qui s'attachent postérieurement au grand trochanter sont un peu tirés » (J. L. Petit).

h. Disparition du grand trochanter. — A l'état normal, la saillie du grand trochanter dépasse en dehors la crête de l'os des îles ; mais quand le fémur est luxé sur le pubis, cette saillie disparaît en partie ; elle se rapproche de la ligne médiane, et se trouve située, d'après M. Né-LATON[1], sur le trajet d'une ligne qui descendrait vertica-

---

[1] *Éléments de pathologie chirurgicale*, t. II. Paris 1847-1848.

lement de l'épine iliaque antérieure et supérieure. Au toucher on peut reconnaître un vide manifeste à l'endroit où se trouvait le grand trochanter : «La dépression est limitée latéralement par des saillies musculaires, en dehors par le *fascia lata* et quelquefois le couturier déplacé, en arrière, par les muscles fessiers » (MALGAIGNE).

i et *j*. *Douleurs à la pression, gonflement de l'origine de la cuisse, rétention d'urine.* — Le gonflement est, comme la douleur en général, limité à la région de l'aine. Cependant, suivant J. L. PETIT, lorsque cette luxation n'est pas réduite tout de suite, l'extrémité inférieure s'engourdit et se tuméfie, parce que le nerf crural et les vaisseaux fémoraux sont comprimés par la tête du fémur[1].

La rétention d'urine est restée un phénomène inexplicable, quoique tous les auteurs[2] l'aient notée dans cette luxation (LARREY, B. TRAVERS, ROUX, M. NÉLATON, M. SÉDILLOT). RICHERAUD[3] crut pouvoir l'interpréter, dans un cas, par une déviation de l'urètre.

Le diagnostic d'une affection dont les symptômes sont si nettement dessinés paraît facile, et cependant il y eut plus d'une erreur commise à cet égard. Notre observation elle-même est un exemple frappant de ces vicissitudes de diagnostic, mais empressons-nous d'ajouter que l'examen du malade avait été très-superficiel en premier lieu.

Ce n'est pas, en effet, avec une fracture *de cuisse* qu'il est possible de confondre une telle lésion : ce serait plutôt une fracture du col qui pourrait prêter à l'erreur. LISFRANC lui-même diagnostiqua une fracture du col à la place d'une

---

[1] Ce phénomène s'est présenté dans un cas observé par LARREY.

[2] A l'exception de BOYER, qui ne l'avait jamais rencontrée.

[3] *Nosographie chirurgicale.*

BIBLIOTHÈQUE IMPÉRIALE MPR

luxation qu'il avait d'abord cru reconnaître et réduire. Une luxation, traitée par M. Sédillot, avait été prise d'abord pour une fracture du col. — Dans tous les cas, ces deux affections n'auraient de commun que le raccourcissement et la rotation du pied en dehors.

Peut-on facilement se rendre compte du mécanisme étiologique d'une luxation sus-pubienne?

M. Malgaigne produit ces luxations sur le cadavre de deux manières : «1° en plaçant la fesse sur le rebord de la table et portant brusquement le genou en arrière pour forcer l'extension de la cuisse; 2° en portant la cuisse dans l'abduction et se servant de la jambe demi-fléchie pour forcer la rotation en dehors.

«Il pense que ces deux mécanismes s'observent également sur le vivant, le premier toutefois plus souvent que l'autre, et alors c'est généralement le tronc qui se renverse en arrière. Il y a des exemples assez nombreux de sujets qui, portant un fardeau sur le dos ou sur les épaules, sont tombés sur le genou, le haut de la cuisse porté en avant, le genou et le tronc fuyant en arrière, et le mouvement accéléré par le poids du fardeau[1]. »

Les violences extérieures qui agissent directement sur l'articulation, doivent frapper par une large surface; autrement, elles produiraient plutôt une fracture.

Dans deux observations de M. Aubry, la luxation fut produite par le passage de la roue d'une voiture sur la jambe gauche et la partie supérieure de la cuisse (obs. II), sur la hanche droite (obs. III). Sur les deux observations citées par A. Cooper, la luxation fut produite par le passage de la roue de voiture sur la partie postérieure de la cuisse et de la hanche.

---

[1] Malgaigne, *Traité des fract. et luxat.*

Nous avons vu que, dans la nôtre, il y avait eu chute de cheval sur lequel l'individu était *assis*, puis aussi passage de la roue de la voiture sur la partie supérieure de la cuisse.

Pour que la luxation ait lieu, il faut que les deux os chevauchent l'un sur l'autre : il faut donc que la cuisse soit soulevée en avant, pendant que le bassin est rendu immobile ou repoussé en arrière. La tête fémorale est projetée directement, par l'effet mécanique, en avant et en dedans de sa cavité, puis remontée jusqu'au niveau du pubis par la contraction du psoas-iliaque. Mais, cette propulsion de la tête ne peut avoir lieu complétement qu'autant que la cuisse est portée dans la *rotation en dehors*. Le fémur tourne alors sur son axe ; le col de cet os décrit un arc de cercle par lequel la tête se porte en avant et déchire en ce point la partie *antérieure et interne particulièrement* de la capsule orbiculaire. « Au total, de quelque côté qu'on l'examine (la capsule), elle est toujours trop courte pour permettre à la tête fémorale de se luxer complétement, fut-elle divisée aux deux tiers et aux trois quarts, quand la tête sort directement par la déchirure (MALGAIGNE[1]). » Nous avons bien rencontré une luxation complète dans la pièce pathologique de M. AUBRY ; cette pièce montrait, de plus, que la portion de la capsule fixée à la demi-circonférence postérieure de la cavité cotyloïde n'avait subi aucune déchirure, mais qu'elle était refoulée par le grand trochanter qui se trouvait ainsi séparé de l'articulation.

Il devient facile, en appliquant ces quelques données à la réduction de la luxation sus-pubienne, de comprendre

---

[1] *Traité d'anatomie chirurg.*, etc., 2e édit., t. II. Paris 1859.

la nécessité de porter le membre dans la rotation en dedans, après que le fémur a été ramené au-dessous du niveau de l'arcade crurale :

L'*extension* de la cuisse aura pour résultat de faire glisser de haut en bas la tête et le col du fémur, de manière à les faire descendre jusqu'au niveau de la cavité cotyloïde. Le déplacement n'a plus lieu que directement en dedans. Alors, la rotation du membre de dehors en dedans, pendant qu'on continue l'extension, doit faire cheminer la tête fémorale de dedans en dehors, pendant que le grand trochanter chemine en sens inverse. Les surfaces articulaires sont ainsi en présence l'une de l'autre, et il suffit d'abandonner le membre à lui-même, pour qu'elles reprennent leurs rapports normaux.

On comprendra aisément qu'il faut très-souvent, pour arriver à ce résultat, employer des forces considérables, et surtout *régulières*. M. le professeur SÉDILLOT a heureusement résolu ce problème, par les perfectionnements nombreux qu'il a apportés à l'usage des moufles.

La cuisse luxée étant fléchie sur le bassin, et la jambe sur la cuisse, les lacs extenseurs sont fixés solidement au-dessus du genou, et non sur l'extrémité inférieure de la jambe ou le pied [1].

« On y trouve l'avantage, dit M. SÉDILLOT, d'une action plus sûre et plus directe, d'un bras de levier plus puissant pour les mouvements de coaptation, et l'on évite les ébranlements douloureux des articulations intermédiaires que l'on avait niés à tort [2]. »

Il faut que le bandage, sur lequel on fait l'extension,

---

[1] Un médecin du siècle dernier se contentait, pour réduire cette luxation, d'exercer des tractions sur le gros orteil.

[2] *Leçons orales de clinique chirurgicale*. Strasbourg.

fasse corps avec l'os et ne puisse glisser, sans quoi le malade est exposé à des meurtrissures et des excoriations de la peau. M. Sédillot est arrivé à ce résultat au moyen d'un appareil très-ingénieux qu'il a représenté et décrit dans son *Traité de médecine opératoire*. Il se compose d'une large bande en soie tissée qui s'applique autour du membre, sur lequel elle est serrée au moyen d'un tourniquet en acier. Ce tourniquet porte un arbre sur lequel s'enroule la bande. L'arbre tourne par le moyen d'une vis sans fin qui est mise en mouvement par une clef. Sur la bande glissent deux coulants qui portent les crochets en acier auxquels on attache les cordes qui servent à opérer l'extension [1].

Les lacs sont confiés à des aides ou, avec plus d'avantage, adaptés à un système de moufles à triples poulies. Depuis l'heureuse idée de M. Sédillot d'appliquer le dynamomètre aux moufles, on a reconnu qu'elles n'étaient pas une force aveugle dont l'effet devait être souvent nuisible. On obtient ainsi des tractions graduées, régulières, et non plus brusques et saccadées. Un instrument de détente [2], d'une conception très-ingénieuse, est ajouté à l'appareil, et permet, à un moment donné, de faire cesser instantanément toute traction.

On avait pu croire, un moment, que l'emploi des anesthésiques, dans le traitement des luxations, allait faire tomber dans l'abandon l'usage des moufles. Il n'en est rien ; et l'on conçoit fort bien la nécessité de recourir à ce puissant mode de réduction, dans les cas de luxation ancienne, ou bien, lorsque des déplacements considérables

---

[1] Cet appareil a été fabriqué par M. Elser, de Strasbourg.
[2] Construit également par M. Elser.

se sont produits. Il serait plus juste de dire que le chloroforme est un utile auxiliaire des moufles, dans la majorité des cas, en amenant une résolution musculaire complète. Comme ce dernier effet ne peut être obtenu qu'en plongeant le malade dans une anesthésie parfaite, et en l'y maintenant quelquefois pendant un laps de temps considérable, il est encore beaucoup de chirurgiens qui, dans l'appréhension des effets du chloroforme, hésitent devant ce moyen.

Pour nous qui voyons, chaque jour, administrer cet agent pour des opérations de nature très-diverse, et souvent très-longues; pour nous qui avons puisé dans l'enseignement si riche et si fructueux de l'éminent professeur de Strasbourg, l'idée de l'inimunité entière du chloroforme, administré d'après des règles précises et rationnelles, nous ne pouvons comprendre l'effroi (ce n'est plus aujourd'hui de l'hésitation) de la plupart des chirurgiens, et les singulières propositions qui ont été émises dernièrement, au sein de deux des premières sociétés savantes de notre pays, au sujet de communications de quelques cas malheureux (Société de chirurgie de Paris[1], Société de médecine de Lyon[2]).

---

[1] On y a entendu M. HERVEZ DE CHÉGOIN proposer d'abandonner la méthode anesthésique.

[2] Voici les conclusions de la Société de médecine de Lyon :

1° L'éther employé pour produire l'anesthésie chirurgicale est moins dangereux que le chloroforme.

2° L'anesthésie s'obtient aussi constamment et aussi complétement par l'éther que par le chloroforme.

3° Si l'éther offre des inconvénients que le chloroforme ne présente pas au même degré, ces inconvénients ont peu d'importance et ne compensent pas le danger inhérent à l'emploi de ce dernier.

4° En conséquence, l'éther doit être en général préféré au chloroforme (*Gaz. méd. de Lyon*).

M. Sédillot avait déjà eu, cependant, l'occasion d'exposer à plusieurs reprises les résultats de son expérience sur l'emploi du chloroforme[1] :

« Le chloroforme convenablement administré à l'état de pureté ne tue jamais, l'action en fût-elle longtemps prolongée.

« J'ai pu le donner, sans danger, pendant deux heures, et, en Angleterre, M. Simpson l'a administré pendant vingt-quatre heures, et a trouvé des imitateurs. Quand le chloroforme détermine des accidents, c'est qu'il est impur ou qu'il a été mal administré.

« ..... J'attends toujours, pour commencer les opérations, que la résolution musculaire soit obtenue, et que les malades n'exécutent aucun mouvement sous l'action des instruments.

« Agir autrement me paraît irrationnel, car on se prive du plus grand bénéfice des anesthésiques : l'immobilité des opérés[2], et l'on ne se met pas à l'abri du danger,

---

[1] ..... Une discussion s'engagea, à cette même Société, entre M. Robert, le rapporteur du premier mémoire de M. Sédillot, et entre différents autres membres : M. Robert, ne saisissant pas de cause appréciable et qui pût bien rendre compte des accidents arrivés pendant la chloroformisation, proposa de recourir à une *idiosyncrasie*, dont la nature intime nous échappait le plus souvent. Ce *quid ignotum*, comme l'appelait M. Chassaignac, ne ressemble-t-il pas un peu aux *mystères de la nature*, premier et dernier terme d'une analyse qu'on ne peut aborder ? (*Bull. de la Société de chirurgie de Paris*, t. II, 1851-1852)

[2] On a vu un amputé échapper aux mains de l'opérateur au moment de la ligature des vaisseaux : la chloroformisation était trop incomplète. M. Faure n'en cherche pas moins à ériger en méthode générale la *demi-anesthésie* obtenue en donnant accès par une narine à l'air, par l'autre à la vapeur de chloroforme, la bouche étant maintenue fermée. « *Quandoque bonus dormitat Homerus.* »

puisqu'on a vu la mort survenir dès les premières aspira-
tions chloroformiques.

« .....Tant que l'individu respire bien, le chloroforme
peut être donné.

« .....J'ajoute, en terminant, que jamais je n'ai vu de
malade réfractaire au chloroforme, et qu'il ne m'est jamais arrivé d'accident[1]. »

Les journaux de médecine ont tout récemment retenti
douloureusement des cas malheureux de chloroformisation
qui semblaient devenir contagieux; il y a quelques jours
encore, M. le professeur LANGENBECK, de Berlin, relatait
l'observation d'un malade qu'il avait sauvé d'une mort
imminente due à quelques inspirations chloroformiques,
par la bronchotomie[2].

Nous sommes témoins très-souvent d'une opération
beaucoup plus simple, à l'aide de laquelle M. le professeur SÉDILLOT conjure tous les accidents qui sont la conséquence d'un arrêt des fonctions respiratoires : le doigt
médian préservé de toute morsure par un anneau métallique, qui sert ainsi à maintenir l'écartement des dents,
abaisse aisément la langue et partant l'épiglotte[3]. Le jeu

---

[1] SÉDILLOT, *Nouvelles considérations sur le chloroforme.*
Strasbourg 1851.

[2] WIRCHOW's *Annalen.* Berlin, mai 1859.

[3] M. C. DESPRÈS, dans un mémoire présenté à l'Académie des
sciences (séance du 16 mai 1859), sur les effets pernicieux du
chloroforme et sur les moyens d'y obvier, propose, pour remé-
dier à la suspension de la respiration, le procédé suivant: Il
soulève la base de la langue au moyen de l'indicateur recourbé
en forme de crochet, et l'attire en haut et en avant, dans la
direction d'une ligne qui partirait de la base de l'épiglotte pour
aboutir à la partie supérieure de la symphyse du menton.

Nous ne trouvons point ici recommandée la sage et indispen-
sable précaution prise par M. SÉDILLOT, à savoir, le revêtement

de la respiration se rétablit alors immédiatement, et l'opération s'achève sans que le chirurgien ait été obligé de jeter au plus vite, comme on le faisait autrefois, tout son appareil instrumental, pour recourir à la longue série de moyens qu'on emploie encore aujourd'hui dans beaucoup d'hôpitaux: aspersion d'eau froide, respiration artificielle, insufflation d'air bouche à bouche, etc. On y perd en émotions et en art scénique[1], et on y gagne en sûreté et en rapidité d'action. Il est donc permis d'avancer que l'application des principes énoncés par M. le professeur SÉDILLOT a réalisé d'immenses progrès dans l'emploi du chloroforme.

Ce n'est plus aujourd'hui, comme on le répète trop souvent, une question de vie et de mort que le chirurgien doit agiter quand il soumet un malade à l'inspiration de vapeurs chloroformiques. S'il en était ainsi, la même question devrait être posée chaque fois que le couteau est porté sur des organes délicats. Abandonnerez-vous la chirurgie, ô chirurgiens! parce que, dans le débridement d'une hernie, vous aurez ouvert une anse intestinale? En serez-vous *matériellement* responsables? Et cependant vous aurez eu présents à l'esprit les préceptes classiques

---

d'une portion du doigt par l'anneau métallique. Que fera-t-on lorsque, par une contraction brusque et fréquente des muscles de cette région, les deux mâchoires se rapprocheront fortement et prendront le doigt comme dans un étau? Au lieu de s'occuper du patient, on devra d'abord songer à sa conservation personnelle ou, du moins, à celle de son doigt.

[1] Qui n'a admiré le courage et la présence d'esprit de chirurgiens qui, à un moment désespéré, appliquaient leur bouche sur les lèvres du patient et finissaient, en insufflant ainsi de petites quantités d'air, par ramener à la vie *celui qui n'était déjà plus qu'un cadavre?*

qui doivent vous guider d'une façon sûre et exempte de périls dans toute opération?

Pourquoi donc n'accordez-vous pas au chloroforme les mêmes bénéfices?

Les conséquences de ces faits, au point de vue médico-légal, par exemple, sont inappréciables, et s'il est nécessaire de les faire ressortir ici, c'est que naguère le monde scientifique était ému, à juste titre, de la proposition si *radicale* mise en avant par la Société de médecine de Lyon : « Le chirurgien devra être responsable des accidents survenus pendant la chloroformisation. »

Que chacun de vous, savants médecins et dignes praticiens, évoque ses souvenirs et se rappelle ses insuccès avoués publiquement, consignés dans les recueils périodiques? Que chacun de vous, chirurgiens, songe aux erreurs de diagnostic, quelquefois presque inévitables, et à leurs conséquences souvent fatales? N'a-t-on pas vu, pendant longtemps, les membres d'une société de médecine d'un département voisin se faire une sorte de point d'honneur de ne communiquer et de ne discuter, en séance publique, que des cas malheureux, fidèles en cela au vieil adage : « Les fautes nous instruisent plus que les succès; » et cependant aucun d'entre eux n'a jamais songé à abandonner la noble carrière de la médecine.

Ce serait donc se renfermer dans un paradoxe à jamais insoutenable que de provoquer l'abandon de la méthode anesthésique, et la responsabilité des faits qui sont la conséquence naturelle d'une négligence ou d'une ignorance dans l'emploi de cette même méthode.

En résumé donc, l'observation de luxation coxo-fémorale en haut et en avant, que nous relatons ici, offre de l'intérêt sous plusieurs rapports :

1° Elle confirme la valeur des symptômes classiques de cette lésion.

2° Elle fait ressortir l'utilité, pour le diagnostic différentiel, de certains signes sur lesquels les auteurs anciens et modernes ne s'étaient point suffisamment appesanti.

3° Elle en apporte de nouveaux qu'on n'avait pas observé jusqu'alors, ou qu'on avait négligé de mentionner.

4° Elle montre l'importance des moufles et appareils articulés employés par M. le professeur Sédillot.

5° Elle est unique comme exemple de luxation coxofémorale (en haut et en avant) réduite quatorze jours (du 21 mai au 4 juin) après la production de l'accident.

« Il est remarquable qu'il n'y ait pas d'exemple de réduction au delà du huitième jour. M. Goyrand l'a essayée sans succès. A. Cooper mentionne une luxation de quelques semaines soumise vainement aux extensions, et lui-même dissuada le malade de nouvelles tentatives[1]. »

6° Enfin, elle atteste une fois de plus l'innocuité du chloroforme administré d'après les règles posées par M. le professeur Sédillot, et que nous nous sommes bornés à rappeler.

Malgaigne, *loc. cit.*

www.ingramcontent.com/pod-product-compliance
Lightning Source LLC
LaVergne TN
LVHW012323050726
842524LV00004B/1583